¡Cómo escribir este libro!

Tú serás el autor.

_____

(Escribe aquí tu nombre.)

Esta página debería estar en blanco, así que ya has terminado tu primera página. Continúa.

Título

¿Cuál va a ser el título de tu libro?
Haz que suene emocionante, o reflexivo, o divertido, o incluso misterioso.
Haz las letras tan grandes como quieras.

Autor

¿Quién es el autor? Tú, sí, tú. Tú eres el autor.
Esta es la parte fácil. Escriba aquí su nombre.
Escríbalo con orgullo. Utiliza letras grandes, casi tan grandes como el título.

Derechos de Autor

Copyright © _____   _____
(Escribe aquí el año.)   (Escribe aquí tu nombre.)

Esto prueba que tú escribiste este libro, y el año en que lo escribiste.
Es legal. Es tuyo. Que quede así:

Copyright © 2025 Jimmy Huston

Cosworth Publishing
21545 Yucatan Avenue
Woodland Hills, CA 91364

www.cosworthpublishing.com

¿Cómo llamarías a tu editorial? (Ya tienes una.)

Llámala como quieras. Ponlo aquí. _____

Añade la fecha de publicación. _____

Si tienes un sitio web o una página de Facebook, indícalo aquí. _____

Y suele haber un galimatías legal como este (pero no te preocupes por ahora).

ISBN: 978-1-965153-68-0

La mayoría de los autores dedican su libro a alguien importante para ellos o para su carrera como escritores. A menudo se trata de un familiar o un amigo íntimo. A veces es un profesor o alguien que les influyó o ayudó. Incluso puede ser un grupo de personas. Quizá quieras escribir una frase sobre ellos.

_____

_____

_____

_____

_____

_____

_____

_____

_____

Seguramente te habrás dado cuenta de que hay muchas páginas aburridas al principio de la mayoría de los libros. Ahora que eres un experto, deberías saber que la gente que trabaja en el sector editorial, como tú, llama a estas páginas "Portada".

Algunos libros empiezan con una cita que el autor considera importante para el libro. Tal vez se refiera al tema del libro. Tal vez establece un tono que te gusta. Quizá sea una referencia histórica. Tal vez no te molestes en añadirla. O lo añades más tarde.

Podría ser parte de un poema, o de una canción que te guste, o un dicho favorito.

_____

_____

_____

_____

_____

_____

Aquí tienes otra página en blanco fácil.

Puede que aún no lo sepas, pero tienes un montón de palabras dentro de ti. Vamos a sacarlas y a mostrar a la gente lo que puedes hacer con ellas.

Esta es tu oportunidad de contarle a tu lector lo que viene, o por qué, o dónde empezó todo. O sáltatelo de momento. No es un requisito, pero es una oportunidad para hablar personalmente a tu lector.

Puedes hablar de la historia que está por venir o de lo que ocurrió antes de que empezara.

A veces se llama Prefacio, Avance o Prólogo. También puedes omitirlo.

Introducción

_____

_____

_____

_____

_____

_____

_____

_____

_____

_____

_____

_____

Otra página en blanco. Sáltatela.

Ahora necesitas una lista de capítulos que muestre en qué página empieza cada capítulo.

A veces los capítulos tienen nombres, así que también puedes incluirlos. Probablemente tendrás que hacer esta página más tarde, después de haber creado los capítulos y haberles puesto nombre.

Empecemos con cinco capítulos. Siempre puedes añadir más si quieres.

Índice

Por alguna razón, los capítulos siempre empiezan por la página de la derecha, así que la página de la izquierda debería quedar en blanco, a menos que quieras poner una imagen aquí.

Muchos libros tienen dibujos. Puedes dibujar (o pintar) lo que quieras para mostrar cómo te imaginas tu historia.

Escribe aquí un pie de foto. _____

Aquí empieza la historia. Empieza a escribir. Puedes cambiar cosas más tarde si lo deseas. No tienes que escribirlo todo de una vez. Puedes pensarlo y volver más tarde. Puedes saltarte cosas. (Y no tienes que llenar toda la página).

Hay sugerencias al principio de cada página, pero no tienes por qué leerlas ni hacer lo que dicen. Ignora lo que quieras. Limítate a escribir.

¿Dónde transcurre tu historia? ¿Dónde empieza?

Puede ser en tu barrio, en cualquier parte del mundo o incluso más lejos. Puede ser en otro planeta o en un reino mágico o en un castillo submarino o en una época lejana, ya sea en el futuro o en el pasado. Tú eliges.

Si no estás seguro, piensa en las historias que te gustan. Diviértete. Escribe algo que te guste y que puedas describir de forma que suene bien. ¡Ponte manos a la obra!

Capítulo uno

_____

_____

_____

_____

_____

_____

_____

_____

_____

_____

_____

Elige una comedia o una historia de miedo o una historia de amor o un cuento de hadas, lo que más te guste. Todas son buenas.

Es una buena idea escribir sobre algo que conozcas. Mark Twain trabajó en un barco de vapor en el río Mississippi antes de escribir Tom Sawyer. Herman Melville trabajó en barcos balleneros antes de escribir Moby Dick. Probablemente tú nunca has trabajado en un barco, así que elige otra cosa.

Sea lo que sea lo que te interesa, puedes incluirlo en tu historia. Puede tratarse del mundo del béisbol, del ballet, del monopatín, de la cocina, de la astronomía... o de los barcos.

_____

_____

_____

_____

_____

_____

_____

_____

_____

_____

_____

_____

_____

_____

Tus personajes pueden parecerse a alguien que conozcas o a alguien que te hayas inventado, o pueden recordarte a ti mismo. ¿Qué aspecto tiene cada uno? Una descripción puede ser un buen punto de partida, o piensa en una historia del personaje. ¿Qué hace especial a tu protagonista? ¿Qué le gusta hacer? ¿Es fuerte, inteligente, divertido, feliz o todo lo contrario?

Ahora que ya tienes clara la idea básica de tu historia (algunos lo llaman crear el mundo de tu historia), es hora de pensar en quién vive en ese mundo. Las mejores historias empiezan con personajes buenos e interesantes. ¿Quién va a ser el protagonista? (A veces se le llama héroe.) Ponle un nombre que te guste mucho.

_____

_____

_____

_____

_____

_____

_____

_____

_____

_____

_____

_____

_____

_____

Probablemente necesites también otros personajes, para que tu héroe tenga alguien con quien hablar, trabajar o discutir. Ponles nombres interesantes.

Hay todo tipo de personajes: magos, madrastras, mulas parlantes, científicos, dragones, músicos, guerreros, unicornios, mejores amigos, extraterrestres, conductores de autobús escolar... lo que tú quieras. Elige. ¿Con quién te gustaría pasar tiempo? Vas a pasar mucho tiempo con estos personajes mientras escribes.

¿Tienen algo especial? Son inteligentes, leales, buenos nadadores, divertidos, mágicos, enfermos... ya te haces una idea.

_____

_____

_____

_____

_____

_____

_____

_____

_____

_____

_____

_____

_____

_____

Las buenas historias tienen problemas que resolver. ¿Tiene algún problema tu protagonista? Piensa en los problemas de Cenicienta, de Horton el elefante o de Harry Potter. Cuando decidas cuál será el problema de tu héroe, escríbelo aquí.

No se lo pongas demasiado fácil. Normalmente, un personaje fracasará varias veces antes de triunfar. Incluso cuentos sencillos como "Los tres cerditos" o "Caperucita Roja" tienen personajes que tienen que intentarlo más de una vez.

Si no te diviertes con la lucha, tus lectores pueden perder el interés. Usted no quiere eso.

_____

_____

_____

_____

_____

_____

_____

_____

_____

_____

_____

_____

_____

_____

Recuerda que, como empieza un nuevo capítulo, esta página de la izquierda debe quedar en blanco (a menos que la historia continúe desde la página anterior).

O puedes poner una ilustración aquí. Algunos libros tienen una ilustración para cada capítulo. Algunos libros tienen incluso más.

Escribe aquí un pie de foto. _____

No hay reglas al respecto, pero el capítulo dos parece un buen momento para complicar el problema de tu héroe. Podría ser tan sencillo como perderse en el bosque, o tan difícil como un horrible tornado, o tan disparatado como que se lo trague una ballena.

Empieza algo aquí. Algunos escritores lo llaman "incidente incitador", el momento que pone las cosas en movimiento. Es el crimen de un misterio. Es el "amor a primera vista" en un romance. Es la huida del perro, el naufragio en una isla, el hallazgo de un dinosaurio vivo en el jardín o la aparición de un monstruo aterrador debajo de la cama. ¡Son problemas!

Capítulo dos

_____

_____

_____

_____

_____

_____

_____

_____

_____

_____

_____

_____

_____

Muchas veces, el problema del héroe viene de un tipo malo (o una chica mala).
¿Cómo describirías a esa persona? Puede ser un matón malvado o una madrastra
malvada, pero también puede ser un dragón enfadado, un pirata malvado o un
monstruo del espacio exterior. O un interés amoroso que crea problemas. Como es
tu historia, tú eliges.

Seguro que se te ocurren muchos villanos–personas que te caen mal–que podrían
hacer interesante tu historia. O invéntate uno.

¿Quién será el malo? Escríbelo aquí. ¿Por qué es tan malo? ¿Ha ocurrido algo que lo
haya provocado? Puedes convertir al malo en un personaje fuerte haciéndolo malo,
desagradable o retorcido (pero también inteligente).

_____

_____

_____

_____

_____

_____

_____

_____

_____

_____

_____

_____

_____

La mayoría de las historias tienen algún tipo de conflicto porque a la gente le resulta más divertido leer sobre personas que discrepan. También es más divertido escribir sobre gente que no está de acuerdo. ¿Hay alguien que se interpone? ¿Está dificultando las cosas? ¿Se está volviendo peligroso? ¿Quién está creando obstáculos divertidos? ¿Cómo puede resolver este problema tu protagonista? Después, puedes empeorarlo aún más. Así será más interesante.

Incluso si tus personajes son socios que trabajan juntos, quizá estén discutiendo. Incluso si son miembros de una familia, tal vez estén discutiendo sobre qué hacer.

Tú puedes ser las dos partes de una discusión y decidir quién gana. Háblales de ambos lados–y haz que se vuelvan locos. Diviértete con ello para que el lector también lo haga.

_____

_____

_____

_____

_____

_____

_____

_____

_____

_____

_____

_____

_____

Puede que el villano no vaya aquí. Prueba con otra cosa si quieres. Tal vez haya un mejor amigo, o un interés amoroso que desarrollar en su lugar. O un animal especial. O un hada. O alguien que dé miedo y sea raro al principio, pero que pueda resultar útil.

Por cierto, si se trata de una historia de amor, puede que el novio o la novia no estén tan enamorados al principio, que se hagan los difíciles o que simplemente no estén interesados–aún.

Quizá haya algún guía, maestro o mentor especial que te ayude en el camino. Incluso los amigos y aliados pueden discutir cuando trabajan juntos para resolver un problema.

_____

_____

_____

_____

_____

_____

_____

_____

_____

_____

_____

_____

_____

A estas alturas ya te habrás dado cuenta de que es más fácil empezar una historia que mantenerla de forma interesante. Te puede ayudar pensar en el futuro y averiguar qué quieres que ocurra al final. Una vez que sepas hacia dónde te diriges, tendrás una mejor idea de cómo trazar el camino de tu héroe hacia ese final.

Si aún no estás seguro, no pasa nada. Probablemente tu héroe tampoco lo esté. Podéis resolverlo juntos. A medida que avance la historia, tu héroe será cada vez más inteligente y tendrá buenas ideas. Lo único que tienes que hacer es escribirlas.

Si las ideas de tu héroe no son muy buenas, de momento no pasa nada. No quieres que las cosas sean demasiado fáciles. Deja que tu héroe trabaje en el problema principal a medida que avanza la historia.

Si tienes un gran problema, será difícil de resolver. Está bien que tus personajes fracasen, pero haz que sigan intentándolo. Haz que lo vuelvan a intentar de otra manera.

¿Tiene el protagonista un mejor amigo? ¿Y otros amigos que puedan ayudar? Podrían ser miembros de un equipo, de un club de barrio o de una banda de rock.

_____

_____

_____

_____

_____

_____

_____

_____

_____

_____

_____

_____

_____

No olvides hacer de tu historia una aventura divertida. Añade alguna locura. Haz que sea inusual. No copies otras historias que hayas leído a menos que vayas a cambiarlas mucho. Muestra lo que tu propia mente puede hacer.

Puedes escribir sobre cualquier cosa que se te ocurra. Puede ser terrorífico, disparatado o triste. Añade algo que te haga reír. (No seas tímido. Siempre puedes sacarlo más tarde.) Puedes añadir magia, o sirenas, o vaqueros, o gente que puede volar.

¿Hay algún interés romántico en tu historia? Si es así, quizá sea el momento de empezar.

_____

_____

_____

_____

_____

_____

_____

_____

_____

_____

_____

_____

_____

_____

Aquí tienes otro lugar para una imagen que prepare tu próximo capítulo.

Escribe aquí un pie de foto. _____

Es hora de iniciar el viaje del héroe. Puede ser un viaje real, como un viaje o una expedición, o unas vacaciones, pero también puede ser un viaje sin salir de casa. Puede tratarse de problemas con la escuela, o los padres, o un trabajo difícil. Puede tratarse de la lucha por entrenar a un cachorro, a un caballo o a un extraterrestre. Puede tratarse de luchar por aprender una habilidad, o desarrollar un talento, o superar algún tipo de miedo urgente.

Puede ser divertido, aterrador, triste o conmovedor. Cualquiera de estas cosas puede hacer que una gran historia sea aún mejor, pero sin duda debe ser una lucha. Si Dorothy se hubiera limitado a coger un taxi para volver a casa después del tornado, nunca habría llegado a ver Oz, y los lectores tampoco. Desarrolla el problema de tu héroe. Haz que sea salvaje.

Capítulo tres

_____

_____

_____

_____

_____

_____

_____

_____

_____

_____

_____

_____

Algunos libros tienen varias historias al mismo tiempo, y a menudo cada una de ellas tiene su propio capítulo, alternando con los capítulos de la historia principal. Pero no tienes por qué hacer esto.

Algunos libros siguen al villano, construyendo su viaje en capítulos separados mientras conspira contra el héroe. Tú decides.

_____

_____

_____

_____

_____

_____

_____

_____

_____

_____

_____

_____

_____

_____

_____

Algunas historias tienen subtramas, en las que se desarrolla una segunda historia sobre otros personajes. Una subtrama suele tener algún tipo de conexión con la historia principal. A veces comparten un tema, lo que significa que tienen algo en común. No es tan complicado como parece. Es sólo otra historia.

_____
_____
_____
_____
_____
_____
_____
_____
_____
_____
_____
_____
_____
_____
_____
_____
_____
_____
_____
_____

Escribas lo que escribas, empieza a acelerar el viaje. Pónselo aún más difícil a tu protagonista. Involucra a tus otros personajes. Deja que el malo gane un poco, para que sea claramente poderoso.

Es hora de agitar la olla. Si estás escribiendo una historia de misterio, empieza con las pistas. Si es una historia de amor, ponla en marcha. Si es un viaje por carretera, que tus personajes se pongan en marcha. Si es un musical, que empiece la banda. Si es la búsqueda de un tesoro enterrado, empieza a cavar. Si hay un concurso de talentos, empieza a practicar. Si hay piratas cerca, que ataquen. Si escribes sobre el espacio exterior, despega. Ya te haces una idea.

_____

_____

_____

_____

_____

_____

_____

_____

_____

_____

_____

_____

_____

Tus personajes pueden decir cosas en una historia que tú no podrías decir en casa, en el colegio o en la iglesia. Quizá ni siquiera puedas decirlas cuando juegas con tus amigos. Pero tus personajes pueden decir cualquier cosa. Puedes hacer que digan exactamente lo que tú estás pensando. Eso es divertido. Deja que se quejen de los deberes o que expresen opiniones divertidas sobre la vida. Deja que se pregunten sobre el futuro.

¿Es tu protagonista como tú? ¿Por qué piensa eso? La buena noticia es que puedes robar ideas de tu vida y ponerlas en tu historia. Puedes cambiarlas para que sean como te gustaría que fueran. O puedes añadir un pato parlante. Diviértete.

_____

_____

_____

_____

_____

_____

_____

_____

_____

_____

_____

_____

_____

_____

_____

Puedes poner otra ilustración aquí.

Escribe aquí un pie de foto. _____

A estas alturas, las cosas deberían estar calentándose en tu historia. Tal vez el protagonista haya ideado un plan para derrotar al villano. Si es así, éste sería un buen punto de partida. Puede que sea necesario reunir herramientas, o excavar en las mazmorras de un castillo, o aprender a conducir una lancha motora. Puede que necesites crear un equipo que pueda trabajar unido. Pero no te olvides de hacer que el malo sea aún más listo (por ahora).

Puede que "el plan" desemboque en una persecución. O una carrera. O algún tipo de batalla: una pelea de espadas, de kárate o de tartas. Tú eliges.

Capítulo cuatro

_____

_____

_____

_____

_____

_____

_____

_____

_____

_____

_____

_____

_____

¿Qué es lo peor que le podría pasar a tu protagonista? Haz que ocurra.

¿Qué hará tu protagonista cuando le ocurra? ¿Puede tu protagonista superar el problema? ¿Cuál es una buena forma de hacerlo?

_____

_____

_____

_____

_____

_____

_____

_____

_____

_____

_____

_____

_____

_____

_____

_____

_____

¿Cómo va tu subtrama? Si has empezado una, no te olvides de ella. Hazla avanzar un poco. ¿Cómo van tus otros personajes? ¿Te están ayudando o son parte del problema?

_____

_____

_____

_____

_____

_____

_____

_____

_____

_____

_____

_____

_____

_____

_____

_____

_____

_____

¡A lo grande! Que sea emocionante. Hazlo divertido. O que dé miedo. Piensa en lo que te gusta leer en una historia y crea algo igual de bueno.

_____

_____

_____

_____

_____

_____

_____

_____

_____

_____

_____

_____

_____

_____

_____

_____

_____

_____

_____

Continúa. Te estás acercando al final. ¡Escribe, escribe, escribe! No te preocupes por la ortografía o la puntuación. Podrás arreglar esas cosas más tarde. Sólo sigue escribiendo.

_____

_____

_____

_____

_____

_____

_____

_____

_____

_____

_____

_____

_____

_____

_____

_____

_____

_____

_____

Este es el lugar para tu última imagen.

Escribe aquí un pie de foto. _____

Vaya. Casi has terminado tu primer libro. Ya has llegado al lugar para el gran final. Ya sea una carrera de caballos, un combate de boxeo o una boda de princesas felices para siempre, tienes la oportunidad de representar el final de tu historia favorita.

Intenta que sea emocionante. Eso significa que no puede ser fácil para tu héroe. Haz que sea una gran lucha. Nadie quiere ver a un héroe durmiendo la siesta.

Capítulo cinco

_____

_____

_____

_____

_____

_____

_____

_____

_____

_____

_____

_____

_____

_____

Llegó la hora. Es hora del gran clímax. Pero antes de que eso ocurra, haz que todo vaya mal para los buenos. Haz que parezca que van a perderlo todo. Así, cuando triunfen, habrán conseguido algo realmente espectacular.

A veces es aquí donde un personaje traiciona al héroe y hace que las cosas vayan mucho, mucho peor. O el plan no funciona como debería. O el resto del equipo abandona.

_____

_____

_____

_____

_____

_____

_____

_____

_____

_____

_____

_____

_____

_____

_____

_____

_____

Esta es la gran batalla en la que has estado trabajando durante todo el libro. El bueno y el malo van a enfrentarse. Puede ser una discusión o una pelea, pero no tiene por qué ser violenta. Tal vez sea un descubrimiento inteligente que frustra un complot malvado. Puede que se resuelva un crimen. Puede que un nuevo invento salve el día. Puede que un truco de magia engañe a todo el mundo, o puede que sea magia de verdad. Al final de la historia, el lector debe sentirse bien. Y usted también.

El último capítulo también es el momento de atar cabos sueltos. Tal vez algunos de tus personajes necesiten hacer las paces tras una gran discusión o pelea. O alguien puede dar una lección a otro personaje sobre cómo actuar en una situación difícil.

¿Tiene alguno de tus personajes un secreto que revelar? Tal vez sucedió algo hace mucho tiempo que es la razón por la que uno de tus personajes tiene un problema, o desarrolló un talento especial que le ayuda al final.

¿Hay alguna lección en tu historia? ¿Aprende el protagonista algo sobre la vida? ¿Va a aprender el lector algo sobre la vida? (¿Lo hizo el escritor?)

_____

_____

_____

_____

_____

_____

_____

_____

_____

_____

_____

_____

_____

_____

En una historia de amor, aquí es donde la pareja finalmente se une, sin importar lo que hayan tenido que pasar para llegar hasta aquí.

Aquí es donde termina un largo viaje, ya sean las vacaciones de verano, el curso escolar o una temporada deportiva con un gran partido de campeonato.

¿Quieres un final feliz? Escríbelo aquí. Si no quieres un final feliz, escribe otra cosa. ¿Quieres un final triste? Si es así, escríbelo aquí.

Lo que quieras, hazlo.

_____

_____

_____

_____

_____

_____

_____

_____

_____

_____

_____

_____

_____

Ahora que has terminado, probablemente sea el momento de releer tu libro y ver dónde puedes mejorarlo. Eso se llama reescribir, y es lo que hacen todos los buenos escritores. Así es como mejoran los libros.

Un buen punto de partida es el principio. La primera frase de un libro puede decir mucho al lector. Vuelve atrás y piensa en lo que tienes. ¿Hay alguna forma mejor de empezar tu historia?

Pero ya que estás aquí, no olvides escribir "El final". Eso siempre sienta bien.

EL Final

_____

_____

_____

_____

_____

_____

_____

_____

_____

_____

_____

_____

_____

En algunos casos puede que hayas terminado la historia de tu libro, pero que aún tengas algo que decir.

Puede que quieras explicar algo, o puede que quieras decir qué pasó después del final. ¿Qué hicieron los personajes después? Ese tipo de cosas se escriben en un capítulo extra llamado Epílogo. Quizá quieras hacerlo. Puede que no.

Epílogo

_____

_____

_____

_____

_____

_____

_____

_____

_____

_____

_____

_____

_____

_____

_____

_____

Sobre el autor

Ese eres tú, ¿recuerdas? La gente que lee tu libro puede sentir curiosidad por la persona que lo escribió. Háblales de ti. ¿Cuántos años tienes? ¿En qué ciudad vives? ¿Tienes un sitio web, un blog, una página de Facebook o alguna otra presencia en Internet?

Hazte una foto y añádela a esta página. Tienes buena pinta.

_____

_____

_____

_____

_____

_____

_____

_____

_____

_____

_____

_____

Otros libros del autor

Vale, quizá no tengas otros libros–todavía–pero ahora que sabes cómo, puedes escribir todos los que quieras.

Inventa unos cuantos títulos de libros que te gustaría escribir. Quizá puedas escribir una o dos frases que hagan que tus lectores quieran leerlos.

_____

_____

_____

_____

_____

_____

_____

_____

_____

_____

_____

_____

_____

_____

Libros por Jimmy Huston

El libro detesto leer

...y odio las matemáticas 2:
¿Quién las necesita?

El manual del disléxico:
Edición genius

El libro de cocina sobre el trastorno de déficit de atención e hiperactividad:
Edición rompecabezas

Autismo para principiantes:
Surfeando el espectro

El libro divertido sobre el TOC:
¿de verdad?

¡GROSERÍAS para NIÑOS!:
Etiqueta para los profanos

La primera disculpa es la peor:
Acabemos de una vez

El asombroso, estupendo, extraordinario y also inusual LIBRO GIRATORIO:
No necesita pilas

¿Es tu primer funeral?:
Un manual para niños

¿Por qué mi mamá no puede pasar más tiempo conmigo?

Soy autismo Soy autismo Soy autismo

El primer manual del bebé
Cómo ser el centro del universo

Locos, nerds y sabios:
Neurodiversidad y creatividad

Cómo escribir este libro:
Y tú serás el autor

La prueba de la serpiente:
¿Verdadero? ¿Falso? Tal vez.

¡Ese extraño angelito!

www.byjimmyhuston.com
www.cosworthpublishing.com

Books in English by Jimmy Huston

The I Hate to Read Book

...and I Hate Math 2: Who Needs It?

Nate-Nate the Christmas Snake

The Dyslexic Handbook: Genius Edition

Cussing for Kids!: Etiquette for the Profane

The Attention Deficit Disorder Hyperactive Cookbook: Puzzle Edition

The OCD Funbook: Really?

Autism for Beginners: Surfing the Spectrum

Nuts, Nerds, & Savants: Neurodiversity & Creativity

I Am Autism I Am Autism I Am Autism

The Bedtime Book of Bad Dreams: Dozing Dangerously

Baby's First Instruction Manual: How To Be the Center of the Universe

Rat BLEEP and Alien Poop: Not for Parents at All

How to Write This Book: You're Going to Be the Author

The Big Beautiful Book of Burping, Belching, and Barfing

The Book Book: Inside the Inside Story

Why Can't Mommy Spend More Time with Me?

The Amazing, Stupendous, Extraordinary, and Somewhat Unusual SPINNING BOOK: No Batteries Required

That Strange Little Angel

The Snake Test: True? False? Maybe?

Is This Your First Funeral?: A Child's Primer

Don't Go to College, Go to Europe for Less

Dead Is the New Sick: An Insider's Guide to Senility, Paranoia, and Curmudgery

The First Apology Is the Worst: Let's Get It Over With

It's Not Easy Being MISTER Ladybug

www.byjimmyhuston.com
www.cosworthpublishing.com